漫畫版

把話說得得體又有趣，大家都會喜歡你！

高嶋秀武［著］
高村步［插畫］

前言

最近發現，有些人似乎一刻不與他人保持聯繫，就會感到煩躁不安。

電子郵件來了要立即回覆，吃飯或洗澡時也捨不得放下手機，如果沒趕上跟朋友們的午餐約會，更是會難過得好像快死掉，這種必須要跟他人分秒保持聯繫才能安心的人，似乎越來越多。

不過，即便如此，在實際情況中，還是有許多人由於無法順利與他人溝通而煩惱。所謂的溝通，指的就是與他人交流、傳遞資訊或交換意見。有的人就算具備了與他人聯繫的強烈欲望，也有可能由於太過一廂情願，而無法順利與他人溝通，因此而煩惱不已。

溝通的第一步便是說話。既然如此，讓人覺得自己是「說話有趣的人」就會比較有益。不過，有一點在這裡千萬不能搞錯，就是：說話有趣的人指的並不是很會講笑話。

舉例說明，近來日本有些年輕運動選手的訪談，儘管內容並不是在講笑話，卻會使人對說話者發生好感，不知不覺間聽得入迷。在世界女子跳台滑雪冠軍高梨沙羅小姐的訪談中，洋溢著樸質的鬥志，以及對身邊人們的感謝。還有一些人的說話技巧特別突出，例如職棒日本火腿鬥士隊的投手齊藤佑樹，他在開幕戰的賽後訪談中表示，「大家都說（我是）天賦過人，但其實那是我所肩負的責任。」這種可以直接放在報章頭版標題的話，他也能侃侃而談……這些人的共通點，就是能夠用言談吸引周遭的人。

所謂說話有趣的人，指的應該是具備魅力之人，可以吸引別人。本書介紹了吸引談話對象注意力的說話訣竅，只要能學會其中一樣，你就可以變成說話有趣的人。

最後，本書是以過去在ＰＨＰ研究所出版過的《說話有趣與無趣的人》，加以增添、改寫，重新編輯而成的。

高嶋秀武

目錄

第2章 成為說話有趣的人吧！

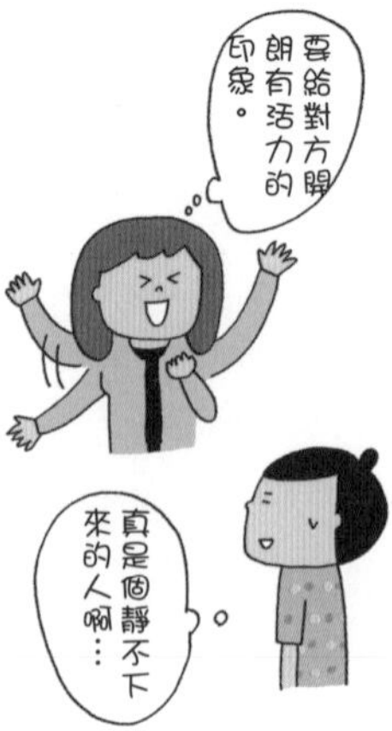
要給對方開朗有活力的印象。
真是個靜不下來的人啊…

第3章
學習「具有說服力的說話方式」

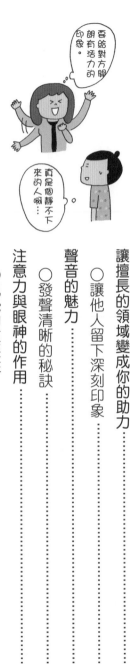

第4章 學習「充滿魅力的說話方式」

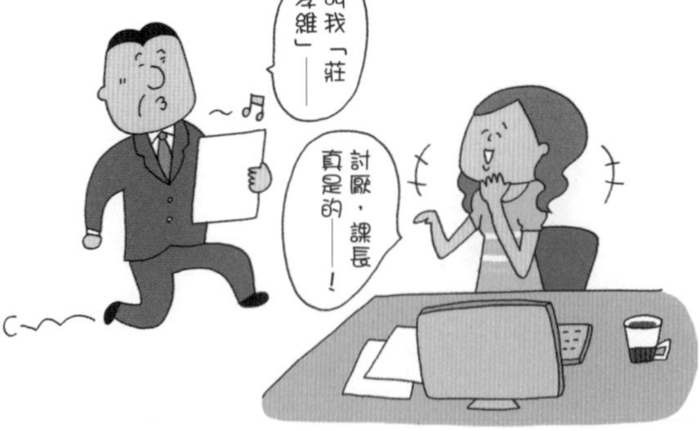
叫我「莊孝維」——
討厭，課長真是的——！

第5章

學習「得體的說話方式」

導論

「說話有趣的人」與眾不同的亮點！

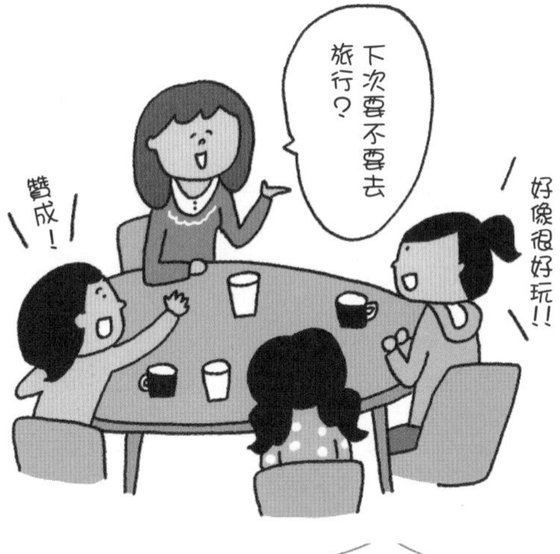
下次要不要去旅行？
贊成！
好像很好玩!!

改善人際關係的說話方法是？

早安，麗子小姐。
啊
對了對了，昨天我在電視上看到…
喋喋
不休
吱吱
附近的蛋糕店啊…
對了對了，你記得中學時的那個〇〇嗎？
我開始學瑜珈了，感覺真不錯～
喳喳
明美每次都這麼有精神啊～
嗯嗯……
這樣啊。
結果她到底說了什麼…
先這樣拜拜！
嗯，下次見。
麗子小姐還是那麼漂亮，真羨慕她。
不過我們的距離好像都沒拉近耶
當天夜裡…
我會不會被人覺得說話很無趣啊…
要是能把自己想說的話更巧妙傳達給對方就好了。
我說的話別人真的有聽懂嗎？
每次都因自己多嘴而讓氣氛冷掉…
唉
如果說話技巧能更高明就好了…
※四人在睡夢中
說話有趣的訣竅就在本書中，請讀吧！
鏘鏘
有力
告知
翌日
就是這本了——!!

「說話有趣的人」三個提示要點

◆目標！成為說話聲音動聽的人

說到「說話有趣」，或許你會想像是擁有一堆讓人拍案叫絕的話題與話術，其實並不盡然。

說話有趣的人，首先會給人一種說話方式及音質特殊的印象，那是一種清新脫俗的感覺。即便聲音不美或多少有點沙啞，但只要能保持音質及說話方式開朗、正面，使人聽了心情舒暢，就足以稱為「說話聲音動聽」。相反地，無論多麼有趣的談話內容，倘若是用陰沉的聲音碎碎唸，或是以缺乏抑揚頓挫的平淡語調說出來，就會變得一點也不吸引人，聽者也會感到興味索然。

人們不可能隨時隨地脫口說出機敏而有趣的話，像是思考說話的內容、發言順序等，如果能無時無刻都在心中準備著當然最好，不過這可是非常辛苦的，一般人

做不到。其實，只要保持親切的態度與人交談，適時展現笑容，便能自然給人一種「說話很有趣」的印象。最後我要再強調「笑容與開朗聲音」的重要，請務必要以說話聲音動聽為目標。

◆基本上讓人覺得有你在就很有趣

有些人口齒既不伶俐，音質也不優美，回話時不但不注視對方的臉，還逕自任意發言……他們的說話技巧絕不算好，但卻還是能讓交談者感覺很有趣，這是由於這些人總是能冒出許多巧妙的點子，或者他們的個人魅力足以吸引旁人，因此人們就會覺得「想聽他說話」。

請你試著檢視四周，相信一定有這種人，一看到有興趣的事物便飛奔而至，容易因新事物而興奮，經常提出有趣的點子。然而，大部分的人往往只會單純遊走在各種點子之間，無法採取實際行動，或是光說不練。唯有採取行動，才能增加言語的分量，這點請千萬不要忘記。

◆如何在閒聊時吸引對方

近來似乎有許多人煩惱於無法順利與他人溝通，或是擔憂自己想傳達的訊息是否真的有被對方所聽進去。或許是由於世界上有太多資

下次要不要去旅行？
贊成！
好像很好玩!!

那就出發吧!!
真有執行力!!

訊，很難實際瞭解什麼才是真相。就是因為處於這種時代，能夠使談話對象感到愉快的有趣說話方式才更顯必要。

由於數位時代中「速度第一」的觀念深植人心，所以有些人無論說什麼話都直來直往，為了趕時間連打招呼也省了，立刻就進入談話主題。

舉個例子吧，「今天來這裡是為了討論零件的價格，能不能降價，即使是一塊錢也好？」像這樣單刀直入地提出要求，假使對方心裡沒做好準備，很容易就會產生磨擦。

說話的第一步是要吸引對方的心。人類不但有情緒，有時也可能會出現身體不適等情形，人際關係中充滿了許多無法數位化的因素。剛認識的人很難掌握對方的感受，雙方對於談話的準備功夫，也可能存在巨大的差距。

閒聊是估計自己與對方之間的心理距離，使談話巧妙進展下去的必要手段。閒聊可以逐漸鬆懈對方的心防，慢慢切入正題。雖說掌握時機並不容易，但只要閒聊的技巧夠好，就能讓你具備「說話很有趣」的必要條件之一了。

「說話有趣與無趣的人」範例

❶ 說話有趣的人音質給人開朗感

開朗、正面，使人心情舒暢的聲音與說話方式，可營造出「說話有趣之人」的氣氛與印象。

❷ 即使說話技巧不高明也能讓人感到「有趣」

在脫離說話方式的層面，如說話者的經驗、實際工作績效、創意……等，若能有所突顯，人們就會想聽你說話。

❸ 首先以閒聊來吸引對方

面對剛認識的人，我們很難掌握對方的感受，而且雙方對於談話的準備功夫也可能存在巨大的差距，這時不妨先閒聊一下，估計雙方的心理距離，才能使談話巧妙進展下去。

專欄

他說話真有趣 1

在12頁，我們討論過說話有趣的人具備說話聲動聽、說話方式及音質清新脫俗、有聲有色等特點，以代表性的例子來說，可說是明石家秋刀魚先生與所喬治先生（譯註：兩人皆為日本知名主持人）。

過去，塔摩利先生（譯註：日本知名主持人）曾評論所先生為「廁所的100瓦燈泡」，儘管也有「過度開朗」的意思，但所先生的確不需要說什麼有趣的話或做什麼有趣的事，便能讓觀眾覺得他很開朗。秋刀魚先生在主持脫口秀綜藝節目時，無論來賓說什麼，都會以誇張的大笑來回應，或是以極其無奈的態度去吐槽來賓。除了上述巧妙的回話技巧，他也一樣具備開朗的說話方式，光是看他表演，人們臉上就會不自覺流露笑容。

這些人可以根據話題內容，像變色龍一樣將音色變為暖色調，令觀眾百看不厭，稱得上是「說話聲音動聽」的兩大代表。

第1章

令人覺得言談無趣的10種類型！

不會察言觀色的遲鈍型

人與人交談時，非常需要注意「現場氣氛」。舉例來說，當你與幾位初次見面的人聚會時，在自我介紹後會對彼此多少有一些瞭解，場面雖然已比一開始輕鬆，但還是有人會堅持「頑石」般的姿態，以呆板僵硬的語氣說話。

例如「請問部長府上在哪裡？」這種說話保持一貫客套的人，不要說想要縮短與對方之間的距離，即使話題和氣氛都很難炒熱，聽眾們也只能無奈。相反地，有些人雖然想要活潑地試圖炒熱氣氛，但說話時卻不聽別人發言，只會一逕地自行發言，這種人也算是不會察言觀色的類型。

說話令人感到無聊的人，就是「不會察言觀色的遲鈍傢伙」。假使是感性敏銳的人，一旦察覺氣氛冷掉，就會自己跳下去緩和場面，反過來說，如果場面變得過熱，這種人也會適時出現，冷卻大家的情緒。

無論何時，只要有人聚在一起，都會有人誤以為非得要炒熱氣氛不可，因而喊

出「大家一起瘋吧！」的話語。

然而如果現場氣氛非常嚴肅認真，是不需要這種丑角出現的。相反地，平日總是嘻嘻哈哈的人，在這種場合若能說出「事實上這件事我一直都有注意，是否能給我一點時間為大家說明一下？」在眾人矚目下，一定會因認真的態度而獲得較高的評價。

聚會的場合，氣氛可說是千變萬化，如果不能把這點銘記在心，就無法成為說話有趣的人。

一板一眼的新聞主播型

在街頭巷尾，時常可見「口才訓練教室招生中」的廣告。這種教室的講師，許多都是現役或退休的廣播播報員，但這些人不見得說話有趣。播報員在眾人面前開口的機會很多，所以予人一種口才靈光的印象，然而掌握說話的基本技巧，與說話有趣，根本是兩碼子事。播報員由於受過嚴謹的基本發音訓練，說話反而容易陷入死板的窠臼。

想要進行一場有趣的演說，關鍵在於能否說出適合該場面的話。無論是婚禮或派對，每種場合的出席者都不同，氣氛當然也不會一樣，所以根本就沒有「這招一定會有效」的技巧和訣竅。

播報員為了讓人們聽得清楚，對於說話這件事自然再習慣也不過。對著麥克風發出的第一聲，既宏亮又清楚，所以聽起來好像口才很好。但事實上，播報員並不見得具備所有適合當下場合的說話技術，可以讓聽者爆笑或冷卻下來。

如果要使會場的氣氛放鬆，以字正腔圓的嗓音發表正經八百的演說，只會令場面陷入尷尬。假使是活動揭幕或許還無妨，不過如果後續無法把會場的氣氛炒熱，就不能稱得上說話技巧嫻熟。

如果想被視為「說話有趣」的人，就不能照播報員一板一眼的說話方式，否則就會讓人覺得你「每次講話都一成不變，真無趣。」比起說話技巧或訣竅，請謹記「符合現場的氣氛，以自己的風格發言」才是重點。

充滿心機的個人宣傳型

在世上有一種人，一心顧著要保護自我形象，這種「個人宣傳型」為了要營造自己的完美形象，會不顧一切堅守到底。舉例來說，就類似女性藝人或企業的公關宣傳等。

女性藝人，尤其是美女，都不會說出真心話，因為她們把自己的形象看得比什麼都重要。無論訪談問什麼，她們的答案總是千篇一律。或許因為粉絲們都把她們看得很神聖，所以迫使她們也不得不維持自己的完美形象。

說到維持形象，企業的公關宣傳人員算是箇中翹楚。由於揹負著公司的招牌，因此他們不得不將負面因素降至最低，所以當然不能隨口說出真心話。假使發言被人逮到漏洞，鐵定會被人質疑「你們公關宣傳總是這麼說」，因此不管對公司或對自己而言，小心開口都極為要緊。也由於這樣，他們習於打官腔，說話一點也不有趣。

女藝人或公關人員是職業所致，如果私底下恢復原本面貌時，或許會變成「說話有趣的人」。然而，「個人宣傳型」這類的人，總是愛說對自己有利的場面話，完全不吐露真言，給人一種發言不著邊際的感覺，會讓聽者覺得很不實際，所以無法產生共鳴。另外，這類型的人幾乎絕口不提自己的弱點或本意，因此很難結交親密的朋友。

與人對話時，如果能夠拋出對方意想不到的內容，可激發興趣及好奇心，回應才會熱烈。假使說話時滿懷心機，隱藏本意，內容就會缺乏新意，不會超乎預期，使人感覺枯燥又乏味。

自吹自擂的自戀型

這個故事發生在幾個朋友去連鎖咖哩餐廳吃午飯時。餐點送上來後，大家開始享用，有一個人開口道。

「說到咖哩的歷史啊，當年大英帝國為了取得香料而對印度開戰，所以又被稱為香料戰爭……」

話說回來，這種常識大家並不是不知道，只是短暫的午休時間，要聊這個嫌太累贅。儘管開口發言的人並沒有惡意，但這種人是屬於喜歡看別人敬佩自己發言的類型。倘若這類人的年紀比你小，你還可以隨口說出「這些事我們早就知道了，趕快吃飯」來結束談話，但如果對方是前輩或客戶等，就不能這麼應付，一定要表現出敬佩的樣子他們才會停止說話，因此要稱讚他們「哎，真了不起，你說得完全正確！」等等，必需這樣回應才行。

如果這種人的目的不是炫耀知識，而是要自吹自擂，那就更累人了。人們只要受到稱讚就會高興，所以難免想要找機會出風頭，但奉勸你最好忍住這種衝動，畢竟優點或光榮事蹟，要由第三者說出才會有效果。

像我以前曾有過在現場轉播中覺得「這次的播音真棒」而感到自滿的經驗，不過卻沒有對他人提及。後來有次在播報員的聚會場合，某電台的播報員跑到我身邊和我說話。

「聽到那次的轉播，我真的很佩服你，你才進電台第二年就有這種功力，讓我嚇了一跳。」

他是一位在第一線活躍的播音員，因此也提昇了我的評價。由於在公司的地位提升了，難免會想要炫耀，不過人氣與評價這種東西卻是會越講越低，所以無論處在任何情況，都別忘了要常懷「謙沖自牧」之心。

不知掌握時機的不長眼型

有種人專門挑別人忙的時候打電話來。如果是急事也就罷了，但他卻冒出「我現在剛好有空，只是想關心一下你在做什麼」這種悠閒的口吻。如果可以直接掛掉這種電話就算了，就怕對方是客戶或前輩這種很難掛電話的對象。

「對了對了，話說回來，你去過東京晴空塔嗎了？因為最近很熱門，想說還是要親眼見識一下，入場門票好貴喔，不過畢竟是世界第一高的自立式電波塔……塔的外型還會隨看的方向不同而產生變化喔，聽說會從三角形漸漸變成圓形……。」

就像這樣，聽的人因為有事要忙，回答口吻變得應付起來，但對方還是不會察覺，依然自顧自地閒扯下去。相信每個人都遇過打電話時機不好的時候，但至少在電話接通時，先說「現在方便說話嗎？」或「我只花你三分鐘的時間」為開場白，設身處地先為聽者著想，這才是禮節。

說到不會掌握時機，在大家認真進行會議時，有人突然冒出「哈！真不愧是

○○先生！」這種愚蠢搞笑台詞的傢伙也算是一絕。好不容易才產生了高明的共識，托這種人的福，現場氣氛一下子就變調，先前順利的討論風氣瞬間就蕩然無存。

或許當事人只是基於旺盛的服務熱情，想趁發言時炒熱氣氛，但不長眼的笑話實在一點也不有趣。

因此，像這種不會掌握時機的不長眼型，且不談他們說話有趣或無聊，到最後會變得沒人想要搭理。請各位一定要時時注意「時機」這個問題。

不聽別人說話的馬耳東風型

有一種人，當好幾個人在一起聊天時，不等別人把話說完，直接就把話題導引到自己想要的方向上，總是在中途將發言的機會搶走。

舉例來說，下班後幾位男女同事一起去喝酒聊天，談到工作上的話題，「提到〇〇先生啊，上次我跟他喝一杯的時候……」這種人會像這樣冷不防冒出一句話，但剛才大家討論的明明就是客戶抱怨的問題，只不過稍微提到「〇〇先生」這個關鍵字，這種人就馬上轉移話題，變得喋喋不休。

「提到〇〇先生啊，他上次說今年一定要減重成功，結果10點跟3點還是要吃點心，這真的像在節食嗎？我問過他，結果他說是因為他每天早上都去健身房，肚子反而比以前更容易餓……」

像這樣，從客戶抱怨的話題，瞬間轉移到節食的話題。

這種類型的人根本不管別人有沒有在聽，就逕自長篇大論地發表自己的意見，不但妨礙了原本主題的討論，也會招惹他人的不快。

此外，這種人往往不願聽別人說話，不管原本聊什麼，最後都要扯到自己想說的話題上。「我做過哪些事，達成過哪些目標，……」他們往往把自我炫耀，誤認為是讓他人接納自己的方法。

東方人一般較不擅長對外展示自己的實力，所以才會導致這種完全相反的類型出現。表現自己其實是好事，但相對地，一股腦地強調自己的存在，根本不管別人是否有聽進去，這種人也很讓大家困擾。他們以為別人什麼話都不說是件好事，因此一味我行我素，只是天不怕地不怕與蠻橫之間，其實只有一線之隔，沉浸在自己的世界中，完全不聽別人說話的人，言語當然會很乏味。

讓人倒盡胃口的悲觀型

無論別人說什麼，都報以悲觀的回答，這種類型的人會讓大家倒盡胃口。

舉例來說，如果拿著人氣歌手的演唱會門票，去邀請這種人一起看，還沒等你說日期，對方就說「現場一定很擠吧」、「看完只會覺得很累」、「我先生一定不答應」等反對理由，回答全是悲觀的想法。像這種反應，簡直會在一瞬間把對方的熱情與時間化為烏有。

職場上的會議也一樣，出席者踴躍提出意見，結論也即將出現，主管幾乎要下結論「好，那就這麼辦！」這時難免會有這種指責缺點、潑冷水的人。關於這件事大家都已取得共識，如果覺得有問題為何不早說？但這種類型的人卻不理會大家的感受，直到最後關頭才說出讓人洩氣的發言。感覺好像就在眾人一致認為「既然大家都討論過，那就放手一搏吧」之際，這種人卻說出「既然大家都討論完了，那就從頭開始討論吧」一樣。

不管討論什麼事，一定要唱反調，這種人也屬於同一種類型。例如想要辭去工作自行創業，找這種人商量的話，他會擺出彷彿自己要辭職般的凝重表情，聽完後回答「還是不要辭職比較好，因為有公司這個招牌你才能混口飯吃，離開公司你就沒靠山了，就算你是因工作把身體搞壞，當員工還是比較有保障……」云云，全是些負面的建言。搞不好要辭職的人早就下定了決心，只是想參考一下別人的意見而已。

處事慎重的人，或許能提供建言，避免最糟結果，但這種「讓人倒盡胃口的悲觀型」，或許可稱得上是「說話內容沒趣」的頭一把交椅。

沒完沒了的自我陶醉型

有一種說話沒完沒了的人，在結婚典禮上經常可以看到。這類型的人，即便發言與之前重複，或已經拖到大家的時間，卻依舊完全不在乎。他們會把事先準備好的稿子從頭唸到尾，讓聽眾感到不勝其煩，就算會場已經開始躁動，他們還是完全沒感覺，繼續發表自己的冗長演說，真的是不長眼。講了數十分鐘，他們才大言不慚地說「雖然我的祝福很簡單，但到此告一段落，謝謝大家的聆聽。」作結。

我把這種人稱為「沒完沒了的自我陶醉型」。就算是大家都知道、唱起來很漫長的浪曲（譯註：一種日本民間的說唱歌曲）也有可省略掉中間部分的短版，同樣地，把談話濃縮得精簡一點，別人聽起來才會更投入。

用現代的說法「Time is money」，意即時間就是金錢，以前結婚典禮可以耗時三天三夜，但現代的套裝行程一組基本上只要兩小時半。在這麼有限的時間內，從介紹新郎新娘開始，到主賓的致詞、演說、乾杯、切蛋糕、朋友的餘興節目等等，全都得加緊腳步完成。在如此密集的流程中，發表冗長的演講，根本是找麻煩；演説這種東西並不是「越長越好」。

包括演講、朝會、討論、簡報等，在大家面前講話的機會很多。

説話必須配合當下的狀況，將內容省略或改編，如果內容過於冗長，抱怨或斥責就會失去效果。有時候短而有力的喝斥，反而能帶給對方更大的震撼力。説話無法臨機應變的人，終究還是會被烙上「説話無趣」的標記。

外強中乾的偽專家型

在人們聚會的場合，經常可以看到一種人，他們以為只要自己像個藝人一樣大聲喧嘩、炒熱氣氛，就能使大家開心。如果大家真的笑了，這種人就會露出不懷好意的表情，心想「好，抓到笑點了！」心底暗喜。一旦氣氛稍微熱絡起來，他們就會以為在場的人都非常開心。這些模仿電視藝人行徑的大學生或年輕業務員，不時還會嘲諷前輩或客戶，說出一些自以為內行的言論，每當看到這種情況我都會傻眼。

他們所謂的「抓到笑點」其實很奇怪，我根本搞不清楚他們究竟抓到了什麼。到底是對方的情緒、現場的氣氛，還是交談的主導權呢。大致上「抓到笑點」這種說法，是用在表演時能瞬間逗樂大眾，並沒有什麼深層的意義。說話時不經大腦，很容易就會出現這種不知所云的內容。

說話的內容，必須要區分出輕重、緩急、強弱，這樣才能把最重要的、希望別

人理解的部分清楚傳達給聽者，讓對話能順利達成目的。如果只是將重點放在搞笑的梗，便會忍不住放大音量想要炒熱氣氛，不給對方說話的餘地。

電視上的藝人在演出前都各自分配好角色，並且已經取得了默契，所以實際表演起來會變得熱鬧又流暢，請不要忘了這點。

只顧表面的明朗與華麗，假裝自己是業界專家的說話方式，本人毫無底子，卻在社會中逞強，只會使你喪失信用，讓大家以後都懶得聽你開口。開朗跟胡鬧完全是兩回事。這種只知道要「抓到笑點」的人，唯一會被重視的時機，就是一年一度的宴會場合。

惹人不快的強迫發言型

所謂一樣米養百樣人，世上每個人的性格都各有不同。舉例來說，有一種人專門講究細枝末節。如果要以「有這種人也沒辦法」一笑置之當然也可以，但假使一個粗心大意的下屬遇到了這類的上司，結果會如何呢？不能隨口回答或聽過就算，一定得遵從上司的指示，一個總是順著感覺做事的下屬，報告等文件也只是寫個大要，突然就遇到龜毛型的人變成自己的上司，過去的做事方法完全行不通了……世界上還真不缺這種總是在心理層面強迫他人的類型。

舉例來說，龜毛的上司會對下屬要求「說明要更有條理」，相反地，粗心大意的上司則會對謹慎小心的下屬說「你太沒勁了，難道就不能順著自己的感覺，大膽開口嗎？」相信大家應該都看過這種情形。

即使不是這種上司下屬的關係，這類人也會經常在心理層面強迫個性不合的對象，被強迫的一方會以為自己被討厭而陷入悲觀的情緒，有時甚至會與對方發生嚴重的衝突。

傳達同一件事時，說話方式不同，就會對聽者的印象造成極大的差距。好比對粗枝大葉的人，不妨說「你這種憑感覺行事的新潮做法沒什麼不好，但做公司簡報時，由於需要具體的方法與數字證據，如果能事先準備會有很大的幫助。」這麼一來相信當事者就能聽進去。

喜歡在心理層面強迫他人，這種人說話不但會惹毛聽眾，聽了也會使人心情不舒坦。這種人開口所說出的話，絕對無法使人愉快。

專欄

他說話真有趣 2

AKB48的推手，也是所有歌曲作詞者的秋元康先生，可說是21世紀最受矚目的製作人。他年輕時曾擔任節目企劃，也曾參與我的廣播節目製作。當時他就是個渾身點子的人，總是能想出一堆有趣的內容，還能將創意如連珠炮般地說出來。

後來他轉職為作詞家，寫出諸多名曲，我曾經專訪過他。他變得與年輕時不同，聲音較為冷靜，說話速度也放慢許多，可以看出發言前慎選詞彙。「這樣會讓人感覺比較有權威。」秋元先生如此解釋。

不愧是當代首屈一指的名製作人，對於如何自我行銷，已經到了出神入化的地步。

第2章

成為說話有趣的人吧！

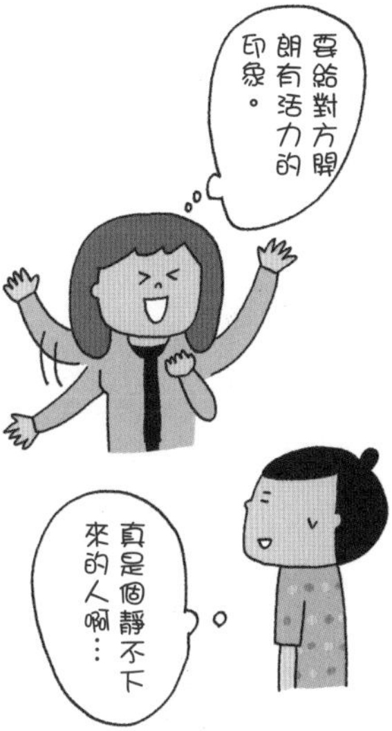
要給對方開朗有活力的印象。
真是個靜不下來的人啊…

該怎樣成為「說話有趣的人」!?

明天要面試，我得給人像麗子小姐那樣值得信賴的印象！
加油吧——!!
明天要開同學會，我一直很不起眼…希望能像山本那樣開朗又健談…
想在以前喜歡過的良子面前表現一下…
明天有聯誼，我要像明美那樣散發出親切的態度，交到男朋友！
這回一定要成功！
聯誼 必勝！
明天要去客戶那裡做簡報，我要像音無那樣好好向對方說明！
企劃
當天…各自奮鬥的4人…
明美★面試中
我的優點是開朗大方、工作認真…
緊繃
僵硬
啊！好、好的！
那麼請把履歷給我。
微笑超市
啊，我忘了蓋印章了…
糟!!
慌張
啊，不小心撕破了…對、對不起！
喔…冷靜一點…
看起來好像有點糊塗，不過應該是個開朗的女孩吧…
音無★同學會
熱鬧
我最近
嘰哩
呱啦
我上次
活躍
還是喜歡以前那個沉默的音無同學啊…
哈哈哈
音無同學，你的個性好像變了。
震驚

麗子★聯誼中
這樣發言OK嗎？
侃侃
我的朋友啊…上次看了韓劇…喜歡的食物是…
而談
七嘴
八舌
麗子小姐真有趣啊。
這次很開心。希望可以跟麗子小姐做朋友，下次再一起聚餐吧！
咦~~只是朋友~？
元輝★簡報中
好，這次要認真說明產品的優點。
山田!!拜託你了!!
這項產品的特徵是…
絮絮叨叨
唔~
沒什麼重點啊
客戶
如果山田拿出熱情，客戶應該會樂於說OK才對…
天啊
為什麼會不順利呢~
有沒有只要學會就可以「說話有趣」的技巧啊？
喔啊
唉…
嗯
沒有什麼模仿就可以絕對OK的技巧，基本上不過就是要站在對方的立場設想，同時表達出自己的想法與本意。接下來要介紹發聲技巧等，能讓你說話更高明的訣竅，另外還有鍛鍊說話本領的方式。

重點在於好奇心與觀察力

「說話有趣」聽起來只是簡單的一句話，但其實包含了許多不同的要素。在說話有趣的人嘴裡，連「鄰居家的貓生產了」這種平凡無奇的話題，都能讓人聽得津津有味，這可不是隨便的人就可以辦到的。另一方面，有些人則具備了各式各樣豐富的人生經驗，看事物的觀點也與眾不同，肚子裡裝了許多話題。「他知道很多事，聽他說話很有趣」指的就是這種人。上述的共通點就是保有好奇心與觀察力。

經常有人抱怨自己每天都只在住家與公司間往返，所以缺乏話題，然而那只是因為他們不肯把視野擴大罷了。只要仔細觀察，就可以發現話題俯拾即是。首先，請你打開好奇心的天線，開始蒐集新資訊。只要資訊越新奇，即使說話技巧不高明，也能引發對方的興趣。如果要與初次見面的陌生對象談話，卻苦於沒有話題，不妨事先準備好新鮮的話題，這點很重要。只要能引發對話者的興趣，接下來自然就能聊開。

那麼，怎樣才能獲得新的資訊呢？當然可以透過網路、電視、雜誌等媒體，不過，「親身體驗所得到的資訊」才是最棒的，要富有新鮮感，又能讓人信賴，還是以當事者的個人經歷為第一優先。現在就請你出門，以你獨特的觀點練習觀察事物吧。關在家裡渾渾噩噩地過日子，好奇心天線是接收不到任何訊息的。不要抱著「不算什麼」這種輕忽的心態，請打開自己的胸懷。

找找看…
有沒有什麼有趣的事？

訓練觀察力的方法

1 積極邁入未知的世界

挑選熱門餐廳或時尚景點，故意選擇與自己喜好或領域不同的主題。

2 立刻展開行動

在情報雜誌上發現感興趣的事物或場所，則立即行動。

3 先好好觀察

「有沒有別人沒有注意的地方？」、「這種獨特觀點當作話題應該很有趣！」這樣一邊想像、一邊檢視，試著讓自己變成容易感動、亢奮的人。

6 發言以實際經驗為基礎

要說就說只有實際去過、見識過的人才明白的情形。以實際感受為武器，營造臨場感，藉此吸引別人的注意力。由於太新的訊息有些人可能不明白，所以不要忘了先從基本的情報開始介紹。就算是陳舊的話題，以嶄新的視點剖析，也會變得十分有趣。

5 儲存資訊

為了以後能說明得更有臨場感，必須好好整理資訊。若無其事地插入這些話題，能提升他人對你的好感。

4 不懂的地方就發問

到了目的地，有發現不懂之處，請不要遲疑，大膽發問。

聽人說話有訣竅

與人談話可以得到許多訊息，不過，我們很容易忘記的是，所謂的談話其實是透過「Give and Take」（施與受）的關係而成立。對話就像傳球，因為在彼此之間來來回回，才能架構起雙方良好的關係，進而引發出各式各樣不同的對話。

如果是單方面過度主張自己的看法，不但無法順利與對方溝通，還會喪失從對方身上獲取貴重情報的機會。所以，除了聆聽對方的說話內容，也要發表自己的意見與想法。

「日本人很親切，只要對他們客氣一點，任何事都願意教人。」有一間一流企業的社長曾這麼對我說。不過如果有不懂的事，想直接向專家請教，不見得會是這樣。或者該說，在這個龐大資訊充斥的現代社會，能直接向專家請教是獲得正確情報的難得機會，務必要多加把握才是。

只不過，在向別人請教問題時，有些規則還是得遵守。「○○是什麼？代表何種意義？」類似這種只要自己稍微查一下就可以明白答案的問題，臨時提問就太離譜了。這不僅對專家會很失禮，也同時暴露出自己的用功不足。首先自己必須要掌握一定程度的基本知識，然後再把不懂與無法理解之處提出來請教，這麼一來，對方才可能愉悦地回答。

另外，在聽別人發言時，要以表情與動作傳達自己的反應。當對方明白自己對這個話題有興趣，才會更樂於說出自己覺得有趣的話題，對話也會更熱烈。所謂的談話，不管說者或聽者都必須掌握「Give and Take」這項原則，請特別記住這點。

儲存獲得的資訊

取得資訊的重點

①深入疑問

究竟是哪裡不明白，首先自己要掌握好。

②充實預備知識

就算暫時用不到，平日也該透過報章書籍、網路等來吸收各項知識。

③蒐集正確、新奇、詳細的資訊

問問題最好找專家，或著是有所研究的人。

④遵守禮儀

最好避免輕易就可以查到答案，或者是「沒常識」的問題。

⑤消化資訊

把吸收來的資訊用自己的方式整理，這是加強理解力的訣竅。

養成作筆記的習慣

成年以後，人們的記憶力很難記下新的事。因此即使變成「筆記魔人」也無妨，建議你最好養成每天固定寫筆記的習慣。

★寫下最重要的詞彙、數字，與關鍵字

★為了方便日後查詢，加上日期與索引

★透過簡單的圖或插畫來加深印象

親手打造自我形象

為了讓自己給對方留下深刻的印象，首先要精準地把握自己的特性，如果能明確展現自己的體格、性格，帶給對方的印象等，便可將自己的特色發揮到最大極限。

因此，你必須理解別人怎麼看待你。舉例來說，或許你覺得自己是開朗的樂天派，但別人可能不這麼覺得，反而認為你是喜怒哀樂全寫在臉上、很難搞的傢伙。相反地，或許你覺得自己是怕生、性情孤僻的人，但別人卻從你自然的表情上認為你是個悠哉的人。

人類最不瞭解的對象或許就是自己。一個人對自己的評價，與他人對自己的評價印象不見得一致，請不要感到訝異。

那麼，如果想改變自己給人的印象，應該要怎麼做才好？雖說人的印象會隨著服裝或髮型而改變，但只要稍稍改變說話方式，就能立刻改頭換面。打個比方，原本說話速度快、聲音尖銳急躁的人，只要發出低沉的嗓音，慢條斯理地發言，就能立刻給人一種冷靜的印象。

也就是說，印象這種東西可以隨著個人意識而變動。為了達成這個目的，首先必須搞清楚自己想在他人心目中留下何種印象，為了留下那種印象，自己又該怎麼做，因此這時思考方式和親身實踐就顯得特別重要。人的印象並不是自然而然決定的，也不是由周遭旁人所認定的，每個人的形象都可以由自己親手打造，請經常提醒自己這一點。

對著鏡子自我檢視！重點

出門前請檢查自己的模樣

出門上班前自然不用說，在與人見面之前，我們一定會站在鏡子前檢視自己的樣子。除了打扮是否合乎時宜，更要留意其他的小細節，這麼一來便能提升他人對你的好感。

□眼角是否有髒東西？
□頭髮是否凌亂？
□姿勢是否端正？
檢查!!
□服裝儀容如何？
□襯衫的衣領與袖口是否髒污？
□指甲是否修剪整齊？
□長褲或裙子是否有皺痕？
□鞋子是否乾淨發亮？

良好的姿勢是
留下好印象的第一步

即便已經特別注意穿著打扮，小細節也一絲不苟，但一個姿勢不良就前功盡棄。彎腰、駝背，或是低頭、張嘴等，這些不良姿勢都會帶給別人懶散的印象，會讓他人覺得你很沒自信。

姿勢端正
竟然有這麼多優點！

如果姿勢端正，即使穿的是同一套衣服，也會顯得更體面。尤其是襯衫這種「以肩膀撐起來的衣服」，刻意抬高左右兩側肩胛骨時，便能抬頭挺胸，衣服穿起來就會得體大方。此外，這種姿勢還可以讓吸入體內的空氣量增加，有助於發出宏亮的聲音。

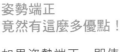

讓擅長的領域變成你的助力

當話題帶到自己擅長的領域時，就可以大顯身手一番。與初次見面或生意上的對象交談時，難免會突然無話可說，這時，由於與對方實在不怎麼熟悉，因此陷入沉默無語的狀況，感覺並不好受。像這種時候，你所擅長領域的話題就能成為吸引對方注意力的強大助力。

不過，即使我這麼說，許多人都會覺得自己其實並沒什麼可以值得大說特說的擅長領域。然而，要開拓自我擅長的領域並不難，重點就在於如何檢視可以引發共鳴，並讓自己感到愉快的事物。為此，可以培養興趣，擴展生活範圍，這樣也能讓你的世界變大變廣。擁有冒險的心態，其實具有正面的加分效果。只要抱持這種態度過生活，人脈就會開展，自然就會發現你的擅長領域。

不過，以擅長領域為話題時，有些事不得不多加留意。具有知識與自信的人，說話時很容易變成獨角戲。當事人渾然忘我地自我炫耀，這對聽者來說其實是一種折磨。

說話的同時，也要留意別人的反應。舉例來說，如果對一個完全不懂高爾夫的人長篇大論地說明如何擊球上果嶺，對方只會覺得難以理解，無聊透頂。不過，假使聊的是知名運動選手的話題，對方可能就會有興趣，畢竟每個人的喜好與興趣都各有不同。

假使感到對方有些厭倦，不妨立刻改變話題，因此必須隨時留意挑選合適的話題。倘若只是為了單純炫耀自己擅長的領域，對聽者而言不過只是一種困擾。

……
無言
沉默
對了，聽說這附近有間很棒的蛋糕店喔。
我最喜歡甜食了——
拜託請務必告訴我妳所推薦的店！

讓他人留下深刻印象

記憶的3要素

①Impact（表情、表現）

棒極了!!
侃侃而談

②Wit（觀點、說話方式）

③Merit（資訊內容）

告訴你一個祕密。

我既沒有Impact也沒有Wit…
那個人是誰？
天曉得…

外貌讓人印象深刻，例如眼睛特別大，或是頭銜特別顯赫，大家都認識的名人……像這種具備顯著特徵的人，很容易讓別人留下印象。不過，如果你是不屬於上述任何一種的「普通人」，又想讓別人記住你，該怎麼做才好呢？

讓自己成為「能給別人帶來好處」的人

「告訴你一個寶貴訊息」、「讓你的地位搖身一變」——像這樣能給別人帶來好處的人，一定可以留在對方的記憶中。平日打開好奇心天線所收到的情報，在這種時候就可以派上用場。如果有類似的機會，說話時一定要注視對方的眼睛，並且口齒大聲清晰，對方對你的印象會更好。

從對話中察知對方的心態

在商業中的往來，不是要注意自身的要求，而是要磨練自己一種能力，可以察覺出對方想要什麼，希望得到什麼。不妨積極地問對方的興趣，或是對方目光的焦點，即使因此必須聽他人長篇大論也沒關係。一旦發現有人發出這種訊息，請千萬不要輕易放過。

聲音的魅力

宏亮的聲音、沙啞的聲音，每個人長相不同，「聲音」也不一樣，具備獨特的個性。這種聲音的個性，是否能變成具有魅力，讓人印象深刻，則有待個人的努力。

說話的基礎在於「發音」，也就是發出聲音。如果說話聲音像蚊子一樣，即便是再有益或再有趣的話題，都無法傳達出去。想讓別人聽自己說話，第一步就是要發出清晰宏亮的聲音。不過，有些人說話大聲，讓人聽得很清楚，但有些人卻只是嗓門大，反倒聽不清楚他在說些什麼，像這種人在發聲時要吸入大量空氣，讓空氣震動聲帶，就能發出宏亮又清晰的聲音。

與人交談時，能夠迅速說出一長串話，同時保持咬字精準，這也是很重要的。如果想讓每個字都清楚地發音，嘴與舌都必須熟練地活動。如果嘴巴開闔不夠確實，口齒就不會清晰。這時可以拿著鏡子對準自己的嘴巴，檢查自己講話時嘴巴開闊以及嘴角肌肉的活動情形。

此外，說話時「感覺距離」也是很重要的因素。說話時我們通常都會有個對象，與對象的距離從一公尺至五公尺不等，而說話方式自然會隨著不同的距離而改變。舉例來說，當你說「媽，幫我拿那個。」，假使你和媽媽之間的距離只有一公尺，以普通的方式說話就可以，但若有五公尺的距離，你就必須提高音量，甚至要配合手指動作來指示所指的東西。

在安靜的場合，聲音音量要低而清晰，在嘈雜的場合，音量則要放大，發音時配合不同的環境，這樣會讓你的說話更有魅力。

發音清晰的秘訣

如何發出清晰宏亮的聲音
「發音練習」

①端正姿勢

抬頭挺胸，這樣可以吸入大量的空氣。

②用力吸一口氣

空氣會震動聲帶，影響音量的大小。

③一個音、一個音緩緩地發音

張大嘴，從母音「AEIOU」開始進行精準的發音練習。

④多練習可稍微加快速度

靈活地活動嘴巴周圍的肌肉，每個字都要說得很清楚。

可以發出大音量的「腹式呼吸」

咻
咻

①仰躺，用力吸一口氣

先感覺一下腹部起伏的感覺。

比肩稍窄

②雙腳打開站立，比肩稍窄。

抓到感覺以後，以站姿練習。由於站著會容易變成胸式呼吸，為了讓空氣確實進入腹部，必須多練習幾遍。

③緩緩自鼻子吸氣

吸氣時，用手按住腹部，檢查腹部是否有確實鼓脹起來。

呼

④從嘴巴吐氣

把注意力放到肚臍以下三公分之處，鼻子吸進空氣，然後從嘴巴吐出。反覆練習幾遍，發出的聲音就會變得越來越長。

嘿嘿
妳總是很有活力，讓人感覺很好。
微笑超市
微笑超市

注意力與眼神的作用

進行談話時，並不只有「説話」這個動作，還必須捕捉到對方發出的無聲訊息。尤其是在商業場合，我們經常會遇到一個人同時對應不同人説話的情形。

在這種情形會遇到一個問題，就是「該與誰説話」。把注意力集中放在職位最高的人身上對嗎？那可不見得。的確，掌握決定權的確是高層，但現場一起陪同聽話的人，在作決定之前同樣也擁有發言權。在談論公事時，我們的目光要投向現場所有人，這樣可以讓每個人都產生自己正在參與討論的氣氛，這是相當重要的。

如果可能的話，應當要更進一步徵詢每個人的意見與獲得贊同，為了製造良好的互動，可以提出對方擅長領域話題，偶而緩和場面氣氛，也是一大助益。當同時與數個對象説話時，絕對不可以讓某人覺得自己被排除在外。

另外，與數個對象交談時，有一個問題在於難以同時掌握每個人的情緒。因此，最好盡量避免在討論即將告終時，還渾然不覺、沒完沒了地持續發言，所以請

盡量避免這種會妨礙談話對象心情的舉動。多多留意談話對象是否常常在看手錶，是否開始躲避視線，是否開始以重複的詞彙來回應等等，注意並掌握這種微小的變化，充分反應，抓住「現場的氣氛」，使對話順利地進展下去，你也能成為聰明談話術的主人。

視覺的重要性

利用表情與肢體語言

即使再有趣的內容，如果以悲傷的語氣說話，聽起來就變得一點也不有趣。如果在表達愉快的話題時，用的是唸經般缺乏抑揚頓挫的聲音，聽起來根本也不歡樂。說話這件事並不只是單純地傳達內容而已，也必須搭配表情及肢體語言等視覺要素，才能呈現出最完美的狀態。

在開始說話之前，以外表取得良好第一印象

雖然「內涵比外表重要」，但人的第一印象畢竟是在30秒內決定的。以商業場合而言，身穿筆挺的高級西裝，與身著居家便服兩相比較，前者壓倒性地能獲取別人的信任。因此，將談話內容傳遞給對方之前，首先要從外表開始注意，請記住這點。

利用顏色
鎖定視覺效果

顏色可以直接影響視覺，作為強化自我印象的工具。只要明白什麼顏色可以造成何種印象，你就可以讓自己的演說具有加乘效果。

紅● 代表能量與活力，可用於補充不足的能量。

青● 強調冷靜。

茶● 散發出平靜的氛圍，想要自我沉澱的時候。

卡其● 緩和他人的警戒心，與不熟識的人初次碰面時。

深藍● 代表思考、理性、自信，可用於展現自己意志的堅強。

綠● 代表調和與均衡，可與他人和平共處。

灰● 不想出風頭，被動等待的時候。

專欄

他說話真有趣 3

已故的前蘋果執行長史蒂夫·賈伯斯，創造了iPad與iPhone等革命性的資訊產品，他本身也是一位演說與簡報達人。透過網路傳播與CD販售，他在大學的演講博得了極高的人氣，每次的新產品發表會簡報，也有數冊書籍整理介紹，甚至成為暢銷之作。

然而以說話技巧而言，賈伯斯的演講並不能算是最傑出，尤其是那場在史丹佛大學畢業典禮的著名演說，他的口齒談不上靈巧，視線也一直往下盯著原稿，模樣缺乏對聽眾的訴求。但即使如此，賈伯斯的演講還是深深吸引了許多人，讓大眾覺得非常有趣，這全要歸功於他本人的存在意識已經超越了說話技巧。他能夠讓所有創意化為實際商品，這個成績與經驗，讓人不能不注意。

一個人本身的存在就能吸引大眾的注意，無論他說什麼，都讓人感覺「有趣」、「好有意思」，尤其他所說的一句話，「Stay Hungry, Stay Foolish」（求知若飢，虛心若愚）更是長留於人心。

第3章

學習「具有說服力的說話方式」

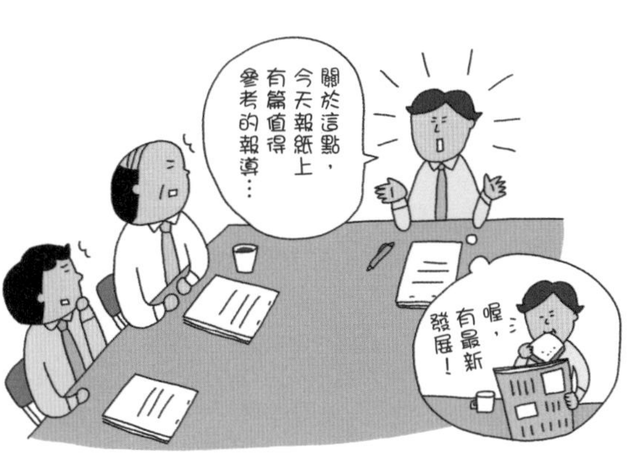
關於這點，今天報紙上有篇值得參考的報導…
喔，有最新發展！

首先要吸引對方的注意力

近來，在職場上，優越的溝通力越來越受到重視。溝通是一種不同人或群體之間想法與訊息的互相傳達、交換。假使溝通不順暢，組織裡的團隊就無法合作，無法發揮能力、共享利益，導致難以創造商業上的價值。

尤其是在初次面對人群之際，大多數的人容易自顧自地發言，使事情無法正確傳達出去，沒去注意別人其實並沒有聽自己說話。因此，想要讓別人願意專注聽你說的話，首先必須吸引別人的注意力。

受歡迎的偶像明星，僅僅站著就可以吸引人潮；公司老闆對員工講話時，員工都會專注聆聽。可是，沒有頭銜或特殊才華的一般大眾，如果不使用一些方法，基本上是不會吸引任何目光的。為了讓對手注意到你，你必須事先準備一些「機關」。

要想吸引別人的注意，讓他們專心聆聽你說話，這個方法最主要就是要表現出

全力以赴的模樣，這招在實際上非常具有效果。舉例來說，業務員想賣商品時，首先必須對客戶說明商品的特徵與使用方式，但假使業務員自己對商品理解不夠清楚，就無法有自信地侃侃而談，說明時也會變得結結巴巴。業務員具有正確而詳細的商品知識，自信才能油然而生，聲音也才會有力量。就以強而有力的說明，同時觀察周遭的反應而調整，再以笑容鬆懈客戶的心防吧。

這時，最重要的就是業務員自己「喜歡這項商品，因此希望大家務必要採用」的認真態度，這種態度如果結合了知識與自信，便能直達客戶的心靈深處，使得客戶的意識能高度集中。假使對方沒有將注意力放進來，無論你說再多都只是馬耳東風。

意識到對方的時間感受

快樂的時光總是過得特別快，無聊或痛苦的時間則相反，會讓人覺得度日如年。時間的長短並沒有改變，改變的只是「愉快」與「無聊」不同的情緒，人們對時間的感受就會不同。倘若沒留意這種時間感受的差異，有時會在商業場合上遭遇不利的情況。

舉個例子，15秒在一般人的感受中應該是「轉瞬即逝」，但對電視廣告製作者而言，15秒則足以發出龐大的資訊。電視廣告的長度大多都是以15秒或30秒為單位，時間雖然短，卻能讓收視者對商品的特性與概念留下深刻的印象。

回顧日常生活，我們每天究竟會花多少時間談話呢？相信這些寶貴時間已經足夠傳達大量的資訊，因此時間是否已被我們虛擲了？

確實，閒聊時也可能抓住珍貴的情報，乍看很無謂的聊天或許可以與對方建立起信賴關係，然而，在商業場合上，要能夠將豐富的資訊迅速傳達，才能與對方發展出順暢的對話。

舉例來說，如果一聽到問題，總是會先說一句「對喔，呃……」然後還要花上五秒來想答案，對你而言或許這五秒感覺就像一瞬間，但對於聽者來說，由於必須等待你說出答案，因此五秒感覺起來就像是原本的好幾倍長，結果不但造成聽者變得不耐煩，還可能會對討論產生阻礙。

尤其是在談判場合中，時間感受的差異往往會對人們的心情產生微妙的影響。別小看這五秒鐘，有時候五秒卻往往成為關鍵。對自己而言，不起眼的一點小時間，卻會對他人產生不同感受，在談話時請留意這一點。

別忘記談話的目的

在會議上的發言、公眾的演講、婚禮上的致詞等，我們會遇到各種在眾人面前發言的機會。由於場合不同，說話的內容也應有不同，但實際上，許多人卻都習慣用相同的口氣說話。如果說話時不分清楚場合與目的，聽者就很難把我們說的內容聽進去。在當下的場合，請務必要先對談話目的有所覺察，然後根據目的來說話。

舉個例子，如果在派對宴會上發表長篇大論，與會的客人鐵定會感到厭煩。有時候簡短而印象深刻的祝詞，反而勝過喋喋不休的演說。我在一間公司的成立紀念酒會上，曾聽過一個演說，內容如下：

「一直以來我都受到社長照顧，感激的心情難以用言語表達，不過，相信在場的諸位，大家鐵定會覺得祭五臟廟比較要緊。」這句話真是太中聽了。接著他說，「好吃的東西就要趁熱享用，請大家開動吧，今天真是恭喜了。」最後這幾句話帶給大家極佳的印象。

在大眾面前發表演說時，內容容易流於老套。假如一心還因為擔心搞錯那些平常不習慣說的詞彙而緊張兮兮，演說可能就會變得毫無內容。一般的致詞都是按照固定的格式，是由他人寫成的，因此難以直接傳達自己的想法。如果想要發表讓他人留下印象的談話，就必須以口語化的說法，把自己的心聲加進去。

不過話說回來，也必須小心，不要心裡想到什麼，就直接說出口。朋友之間對話時，經常會省略繁瑣的文法，大家照樣聽得懂，不過公開致詞或演說時，由於要面對不特定的對象，就不能省略文法，而必須使用完整的句子與詞彙。

在會議中吸引注意力的秘訣

一般公司的會議，聲音大的人，意見往往會佔上風，感覺上比較容易出頭。在會議中，除了少數發言的人，大多數人其實都是聽講的份。對亞洲人而言，會議比較像是「默認」的場合，而並不是用來討論事情的。

另一方面，歐美國家公司的會議，通常則是意見交換活躍的討論場所。有人認為議題可以當場決定，也有人認為必須重新討論修正，因此經常出現意見對立。不過，如果雙方能夠互相理解想法，並達成採納的共識，有時也會當場修正意見。

如果是必需進行討論的會議風格，如果不說出自己的意見，而直接拷貝他人的想法，就會被認為完全沒動腦筋，因而被貼上「工作無能」的標籤。會議可以說是使自己得到認同的機會，因此當然要儘量利用。

因此，事前的準備對會議十分重要，可以整合自己的想法，也可以找出具體的議題。為了積極參與討論，對於主題必須廣泛搜尋，閱覽資料，將自己的想法整理清楚，儘量以簡潔的方式提出討論。另外，在會議進行中，忖度發言的時機與發言的內容同樣重要，因此也要仔細聽別人說話，如果想要提出反對意見，則需附帶理由與替代方案。

在會議中不發一語，但會議結束後卻批評「那個案子一定會失敗」，以這種狀況來說，其實在會議中沒講話，就等同於默認，卻等到討論結束才發表負面意見，這種人不但沒資格在職場上討生活，也失去了自己的信用。

關於這點，今天報紙上有篇值得參考的報導…
喔，有新發展了！

學習簡潔有力的說話方式

許多人都不知道面對大眾發言時應該說些什麼才好，當時間不夠充裕，又急著想要說完全部的內容，結果就說得顛三倒四。

在有限的時間內簡潔地陳述自己的意見，並使別人能夠理解，必須在事前預先組織架構，讓我以雜誌的頁面編排當作範例說明。

編排雜誌頁面時，首先必須先制定好大綱，也就是目錄。接下來則要放入統整全文大意的前言部分，然後才開始正文部分。正文中會有許許多多的摘要，有時可以轉換話題，提示讀者下一個項目。利用組織方式，可以讓內容適切發展。

因此，發表演說時，首先可以說，「今天我們要聊聊關於◎◎的話題。」藉此揭開會議的主旨，這就是屬於大綱的部分。然後接下來才是前言，前言則大致說明一下接下來的內容。「關於這次的問題，就是△△與○○兩點，首先來說明△△的狀況以及問題的調察。」此時請儘量不要看講稿，先環顧在場所有人的臉，確定大

說話的組織方式
①「主旨大綱」
②「大致的內容」
③「詳細摘要」

家都有反應後，再繼續說下去。接著要根據時間長短，以摘要轉換話題的方式繼續推進。

如果發言時間有限，也可以先說出結論，再解釋理由。只要說出結論，即便時間用完，也不至於在被迫匆匆下台之前，才把最重要的部分講出來。

討論事情的時候也一樣。不妨先說結論，接下來才說理由和方法，這樣就可以讓話題順暢地展開。此時必須有意識地要讓聽者理解自己的想法。不過，要儘量避免單方面加諸他人印象。理性專業的態度說話同樣很重要，不要輕易讓喜怒哀樂形於色。

語言是活的

在眾人面前說話時，通常一般人都會準備講稿。發表演說「必須讓人聽進去」，因此，假使腦子一片空白、忘了要說什麼，這時如果有事先備好的講稿，就能派上用場，但在讀稿時還是可能發生問題。

讀稿時，由於我們會低下頭看稿，這時，由於低頭無法觀看聽眾們的反應，容易被稿子拉走注意力，使發出的聲音死板，難以吸引人。

舉例來說，在國際足球比賽上，日本選手對抗足球強國。在首度射門成功的瞬間，主播一定會以亢奮的聲音大聲喊出「射門——！」。如果把「射門」寫在稿子上，主播低著頭照稿唸出聲，這樣就無法傳達現場的激情。事先寫成文字的稿子，再朗讀出來，就會有問題，變得「缺乏臨場感」、「無法親身體驗，不生動」。

語言本來就是「活的東西」，會隨說話者當時的身體狀況、心情、聽眾、現場氣氛等差異，而出現完全不同的效果。如果忽略這些變化，只知死板地讀稿子，很難使聽者心中產生共鳴。

不過，話說回來，倘若不先寫好稿子，我們就無法確認演說內容是否納入所有想要傳達的事。這時有一個推薦的好方法，就是先寫好一個講稿，寫好後把它暫時忘掉，在練習演說時，請不要看稿，一邊思考、一邊演說，對著空氣進行練習。不可思議地，你會發現，原本忘記的稿子卻會斷斷續續地冒出來。

想要一字不漏地背下講稿很困難，但若想把原稿留在記憶中，則可以透過圖片來加深印象。在講稿的關鍵字上標記重點，然後再記住圖像，只要記得關鍵，自然而然相關的話題就可以跟著出現。

掌握說話的細節

即便是同樣的一句話，由某些人說出可以讓人長留心中，由某些人說出則是聽完就忘。如果說兩者的差別，或許是聲音與說話的細節不同。儘管可能有些人並不認同，不過有些人憑著長相就可吸引人的注意，而即便是說同一句話，從不同人的嘴裡說出來，造成的效果也可能大為不同。

在你發出聲音的時候，請以灌注生命的心情來進行，這個意思就是要用表情與細節來演繹聲音。如果以顏色來比喻，好比彩色總是比黑白來得生動。例如一句「謝謝」，用筆寫下這兩個字，不容易讓人體會究竟有多麼感謝。如果真的想用文字來表達開心、感激的心情，或許說「謝謝，謝謝，真的非常謝謝」也還不夠。不過，只要真心誠意地把這句話說出來，打心底發出感激，就可以透過聲音、說話方式，以及肢體動作等傳達出去。

在公司的會議或典禮中，由於整體的氣氛比較嚴肅，這時說話以簡潔有力最為

恰當不過。聲音以強弱來區隔，強調的部分可以大聲表現出來。相反地，在葬禮等場合中，則可以用缺乏抑揚頓挫的低沉音調說話，這樣可以傳達悲傷的情緒。

在群眾面前說話，每個人都難免會感到緊張，心裡很害怕自己的聲音會破音，根本無暇顧及細節。這時，請在說話前先大口深呼吸，等心情緩和下來再開始講話。

如果覺得自己的說話速度太急躁，可以在句子裡加上「話說回來」或「不過」等連接詞，刻意使節奏緩慢。由於低著頭會因為氣管變窄而難以發出聲音，所以務必要抬頭挺胸，以能夠環顧會場的姿勢站好。

漫畫 實戰！成為說話有趣的人①演講篇

在眾人前演說時，講稿就好像你的護身符。「只要有了這個，再緊張也沒關係！」應該不少人在講話前是這麼想的吧。不過，用稿子演說有一個缺點，就是眼睛會死盯著紙稿，完全把聽眾拋出腦後。還有，由於講稿書寫製作，容易用到不適合口語的詞彙。對聽眾來說，聽起來難以理解的詞彙，會造成思緒的混亂。其實在講稿中只要記下大致的流程與專有名詞、數字、地名等，保持稿子的簡潔就可以了。

如果能練習不看講稿，一邊注視聽眾的臉孔、一邊說話，發現聽眾無法理解時，就可以重複解釋，或是採取放慢說話速度等各種應變措施。這種一邊觀察聽者反應，一邊臨機應變說話的方式，可以讓演講者與聽眾之間產生融合感，使得演講的內容容易留在聽者的記憶中。

演講時還有一件非常重要的事，就是事先掌握參加人員的情況，例如是女性較多還是男性較多，平均年齡層，是否屬於某個社團，或者以個人參加為多等等，根據聽眾的組成不同，引發興趣的話題就會有差別。假使與會的人大多彼此認識，可以說一些俗語來炒熱氣氛。由於說話時希望能讓聽者產生共鳴，因此必須挑選適合現場的話題。

另外，出乎意料地，有一點很少人想到，那就是演說前要熱身。原本一個人悠閒地坐著休息，然後一下子要到眾人面前發表激昂的演說，一般人恐怕做不到。這時可以事先站在鏡子前練習微笑，或做發聲練習，都有助於提高聽者的注意力。這些準備功夫做好了，說話才會變得更流暢。

在許多人輪番致詞的場合中，也要注意聽前面的人說過什麼。如果上一個人因為講得太久，聽眾都很疲憊，就不妨把演說內容濃縮成一分鐘，這樣就可以給聽眾留下極佳的印象。

在眾人前站著會因為緊張而無法開口嗎？如果有這種情況，請用力張開雙手，用全身的肢體動作來輔助說話。這樣一來可以吸引聽眾，使聽眾可以保持聆聽的注意力。演說者表情的變化，會連帶增進聲音的宏亮清晰，對解除內心的緊張能發揮一定的效果。

Point 1
講稿只要記下大致的流程與專有名詞、數字、地名等，保持簡潔。

Point 2
要聽前面的人演說，也可以接續對方的內容。

Point 3
說話時輔以全身的肢體語言，以吸引聽者的注意。

Point 4
觀察聽眾的狀況，以隨機應變、改變說話方式。

專欄

他說話真有趣 4

許多政治家習慣拚命對民眾解釋政策，卻常常說明過長，使得聽眾根本記不住，只記得好像說了很多東西，卻完全無法留在記憶裡。

日本前首相小泉純一郎先生則剛好相反，他幾乎不進行任何說明解釋。他在聯合國維和行動派遣日本自衛隊前往伊拉克薩瑪沃，當時在野黨曾拿出薩瑪沃的地圖質詢。「聽說自衛隊要前往薩瑪沃的非交戰區，在這張地圖上哪裡是交戰區，哪裡是非交戰區，請首相說明一下。」

小泉先生聽完，緩緩地回答。

「薩瑪沃的哪裡是交戰區或非交戰區，我不可能會知道。」

如此的發言在委員會中掀起軒然大波，一般來說他應該要跟在一旁待命的秘書討論，然後回答問題，但他卻選擇完全不進行說明。即使如此，他依舊具備過人的政策執行力與領導能力。一個多嘴的領導者沒有魅力——看了小泉前首相的情況後，我不禁這麼想。

第4章

學習「充滿魅力的說話方式」

篩選必備的資訊

判斷某項資訊是否為必須的，這件事可以說是非常重要。電視整天都在播新聞，雜誌上充斥著各種美食與流行資訊，想要知道什麼，上網查資料很快就能獲得解答，在這個時代一切都非常方便，但人們同時也必須知道如何妥善取捨資訊內容。如果只知道蒐集情報，想要使用的時候無法歸納統整，或是無法活用在談話中，就太可惜了。

話說回來，媒體上的資訊其實潛藏著許多陷阱。你是否曾有經驗，只看雜誌或電視，沒有實際去過現場，卻覺得自己好像對當地非常瞭解呢？或許報導的地點未經特殊許可無法進入，所以感覺上媒體能提供比實際去一趟更豐富的資訊。

不過，假使因此產生興趣而親自跑一趟，或許你會發現期望有所落差。電視與雜誌提供的資訊都是編輯篩選過的，往往「只擷取好的一面」，相反地，也有可能為了塑造不良印象而專挑負面的部分來講，這麼一來，判斷這種資訊對自己來說是

否必要，就很困難。親自檢視新事物，對於增進說話技巧來說，應該還是有效的，只不過真正的重點在於，如何判斷自己是否該親自走一趟。

然而話說回來，假使所有事物都要自己親身體驗，這也太強人所難。這時，訪問有實際見識、體驗的人，也是一種有效的方法。有行動為後盾，這樣的發言會比較具有真實感。

儘管積極蒐集資訊是必要的，但要避免囫圇吞棗。與他人對話之後得到的資訊，該如何去蕪存菁，確實是重要的一項課題。

成為「多采多姿」的人！

和面無表情的人相比，相信大家會比較想要親近一個臉上總是掛著笑容的人。笑能讓人放鬆，可以縮短與別人的距離。充滿歡笑的地方總是聚集著人潮，有人潮的地方就有資訊，還伴隨著龐大的商機。

不過，要讓別人發笑可不是件容易的事。沒有一個話題可以保證所有人聽過之後都會大笑，況且有些人也不願意在他人面前捧腹大笑。

在英語中，有一個稱讚他人的形容詞叫做「colorful」（多采多姿）。所謂的「多采多姿」，就是指當事者能用笑話使人開心，具有愉悅的魅力。這種誇獎人的形容詞，證明能使周遭的人開心，確實非常受歡迎。

最近日本「多采多姿」的人越來越多，不過，誤把低級笑話與他人的糗事當作笑話，這種自認為有幽默感的人也不在少數。

日本自古以來有一種相聲藝術，相聲表演者必須先記住故事大綱，多次練習快慢節奏與表演手法，才能完成一個段子，目的在使聽眾哈哈大笑。同樣地，一個人的幽默感與表現方式，必須平時就要練習，才能養成習慣。有些人的工作必須與外國人往來，所以會特別背誦英語笑話，還要經常與下屬、同事練習。為了要成為一個多采多姿的人，練習是不可或缺的。

附帶一提，充滿幽默感的話題必須有聽眾配合才能成立。談話禮儀的基本之一，便是專注聆聽對方的發言。如果對方說笑話，千萬記得適時發笑。

信賴感需要持續累積

對於初次見面的人，一般人都會抱著戒心。不管是在私底下的人際關係，或是商業場合上的來往，信賴感都不是一朝一日的功夫。

想使自己給他人的第一印象變好，乾淨整齊的穿著打扮是最基本的。充滿朝氣的開朗模樣，可以帶給對方好感。每天保持精神充沛，總是以宏亮清晰的聲音說話，約會時間必定準時到達等，遵守這些理所當然的禮節，每天累積，最後才能贏得對方的信賴。

此外，一些隨口抬槓的談話或閒聊，乍聽下沒有什麼意義，其實也是構築信賴感的一種方式。聊天能緩和雙方的緊張感與戒心，可增進彼此的熟悉程度。在聊天中，還可以互相提供訊息，或發覺對方困擾的事，想要的東西等等，透過這些細節，最後才會產生「我可以信賴這個人！」的感覺。

信賴感會表現在工作成績上。在販賣或推銷商品、服務的行業中，即使賣的是

相同的東西，每個人的銷售額卻會有很大的差異。優秀的業務員發現客戶沒什麼反應時，就會從「掌握對方」開始下功夫，如果客戶猶豫了，則會以聆聽客戶說話為優先，不急著勉強對方下決定，一邊仔細觀察，一邊做出合適的應變措施。透過這種方式，優秀的業務員可以建構客戶的信任感。

如果能獲得「值得信賴」的評價，信賴感就會自己行動，幫你獲得下一次的業績。因此，如果想要客戶購買你所推銷的商品，第一步要先「把自己推銷出去」。

留下好印象的電話溝通方式

對於現代的商務與私人往來，電話是一種不可欠缺的溝通工具。想成為說話有魅力的人，就少不了要學會如何巧妙使用電話。

在電話中，由於看不到對方的臉，我們很難掌握情緒與當時狀態，因此溝通具有一定的難度。如果想在講電話時想讓對方有「感覺不錯」的印象，第一聲問候就很重要。開朗又有禮貌的說話方式，對於提升第一印象非常有助益。當然，有人會因為當時心情不好，或者處於忙碌疲憊的狀態，會發出低沉的聲音，或是以不耐煩的口吻回應，這時，不管是打電話或接電話的人，會由於不清楚對方的狀況而感到困擾。這種時候，如果電話傳出的是明朗有活力的聲音，就可以在瞬間緩和對方緊張的心情。

打電話時，因為看不到，所以必須思考對方可能的狀況。電話，尤其是行動電話，有時候還真是罪孽深重，往往不管接聽的人在做什麼，就自顧自地響起來。如果剛好在廁所裡接到工作的來電，很難叫人不手忙腳亂，類似的情況應該並不少見。不過即便早知對方忙得沒空講電話，還是有人會不考慮別人，自顧自地一股腦地說個不停。但假使在很忙的時候，以不耐煩的口氣回答「啊，是嗎，再見！」這種人更是完全沒資格在社會中生存。

在商場上，簡潔有力地表達打電話的目的是非常重要的。在職場上，電話的目的就是傳達工作事項、敲定約會或進行確認。即便是在工作以外的日常場合，電話講太久，也會給對方笨拙、不體貼、不擅長談事情的印象，請特別留意。

將失敗經驗活用在對話中

一個人談自己的失敗經驗，會比成功的往事，更能得到聽者的認同。以前有句話是這麼說的，「別人的失敗就是我最大的快樂。」對聽者而言，他人的失敗經驗遠比成功事蹟有趣。儘管人的這種習性並不怎麼高尚，無論口氣再怎麼謙虛，成功的事蹟聽起來感覺都像在炫耀，會讓聽者感到不耐煩。不過，反過來說，只要逆向操作，就可以讓別人深深被你的話題所吸引。

特別是平常工作成績優異、很少犯錯的人，認真嚴肅的人，或是感覺總是很固執的人，這些人要是稍微說一些自己可笑的失敗經驗，就會讓周遭的人覺得更好親近。每個人都可能遭遇失敗，怎麼活用自己的失敗經驗才是最重要的。

在話題打結時，需要填補「空白」，此時失敗經驗就可以派上用場。如果有人初次見面，聊過天氣、共同認識的朋友、興趣、運動等無傷大雅的話題之後，常常會變得無話可說，這時候拿出不太嚴重的失敗經驗聊聊其實非常管用。舉例來說，

你是否曾在會議中，在大庭廣眾之下，當你正在發表意見，肚子卻突然發出聲音。或是在電車上由於劇烈搖晃，不小心坐到前面大叔的大腿上，諸如此類的糗事，往往能使得眾人哄堂大笑。

活用失敗經驗，訣竅就在於，必須是親身經歷的、真正的失敗。捏造的故事缺乏真實感，別人會隱約感覺出來。想起來會讓人臉紅心跳的親身體驗，才會使談話生動有趣，所以一定要是自己的失敗經驗。倘若描述他人的失敗，即便故事再有趣，若是給當事人聽到了，就會感到很不愉快。一件故事的起承轉合、笑點都要清楚，這是使別人發笑的必備技巧。

你是否太過「自我中心」？

跟某人說話真有趣，感覺很愉快，於是理所當然地，大家都會聚集到他身邊。相反地，說話很無聊的人，人群則自然會從他身邊慢慢離去。這兩者間的差異究竟為何？

分析說話無聊的人，基本上大致可以分成幾種類型：

①對他人反應冷淡的人——無論談話再怎麼熱烈，都沒什麼回應，看起來沒有聽進去的樣子。

②一直把話題集中在自己身上的人——一直在聊自己，不關心別人，尤其是愛炫耀自己的人最是無趣。

③把無聊當有趣的人——把自己的嗜好，或是將某個年齡層所流行的事物，一股腦兒硬是推銷給不恰當的人，這種強迫中獎的方式令人感到無趣。

這三種人具有一個共通點，他們所有的標準都以自我為主，完全沒考慮到別人的狀況；這種「自我中心」的人，說話的確會讓人感到言語無味，使人不願親近。

這種類型的人有一個特徵，就是不理會別人發言，偶爾他們還會依照自己的意思去解讀別人的話，因而引起誤解。

舉例來說，在某工作場合有人說，「請讓我們考慮一下。」對方可能只是以委婉的口氣拒絕，這麼說是希望以不傷情面的方式來回絕某件事，但遇到這種類型的人，卻可能擅自解讀，一廂情願地把事情都朝著對自己有利的方向看待，這樣一來就容易發生紛爭。

在聽別人說話的時候，不能直接就字面上的意義來解讀，必須好好掌握對方的話中真意。

吸引人的親切笑容

你或許很煩惱自己無法溶入人群之中，但在這種情況中，你首先應該要思考人們不願親近你的理由。試想，面對一個總是面無表情、豎起高牆的對象，原本就沒有人會想主動接近。

表情豐富的人，最好的範例就是小孩子。小孩的喜怒哀樂都很明顯，高興的時候會開懷笑出來，生氣或哀傷的時候，表情會扭曲，甚至哇哇大哭。成年人的臉孔可分為兩種，一種讓人可以輕易想像出小時候的長相，另一種人則不行，無論遇到再開心的事，這種人的臉部表情都跟平常一樣毫無變化，因此難以想像這種人小時候的模樣。如果總是面無表情，會導致聲音變得呆板，說話時會讓人覺得缺乏感情。高興的反應有助於鬆懈對話者的戒心，因此，如果可以的話，談話時請儘量將表情表現出來，這樣可以讓溝通變得更順暢。笑容具有不可思議的力量，可以吸引人群。

親切和笑容一樣，必須時時展現。在工作場合中，一向嚴肅的表情突然放鬆下來，展露出一個「空檔」，這種時候會讓人看到你私底下輕鬆的一面，偶而為之可使人覺得你不難親近，可以加強與別人的關係。譬如一個平日工作態度非常嚴謹的人，其實對蛋糕沒有抵抗力，當他偶然收到蛋糕小禮物時，會露出開心的微笑，展現出親切的一面。

附帶一提，這一招只適合那些平日認真賣命工作的人，偶而在一瞬間的「空檔」展露出親切，才具有效用，如果你平常就有一大堆「空檔」，這招便完全不管用，請務必注意。

漫畫 實戰！成為說話有趣的人② 職場篇

小氣的人通常不容易受歡迎。舉例來說，在職場上，當你想把冷氣溫度稍微提高，默默地自己拿起遙控器，如果這時多加一句「我有點冷，可以把冷氣關小一點嗎？」給人的印象就會截然不同。小氣到懶得多說一兩句話的人，往往會使人際關係變得糟糕，相反地，與人相處時，願意多說一兩句話，給人的印象就會截然不同，因此，千萬不能小覷言語的力量。

想要使職場溝通圓融，除了要「不吝惜言語」，也要「適時拋出話題」。在眾人聚集的場合，千萬不要讓談話參與者覺得「被排擠在外」。例如在會議中有些人只會盯著主管的臉說話，或許這些人是因為一心想得到上司的認可，但只對著主管一個人講，會讓在場的其他人產生排擠感。因此我建議最好還是在句子段落間，以眼神向其他人徵詢認同，或是直接詢問其他人的意見。在小酌等聚會場合，不妨若無其事地環顧所有參與者，如果發現有人露出無聊的表情，可試著提出對方可能有興趣的話題。像這樣讓所有人都覺得自己有參與感，可以使場面氣氛熱絡起來，大家都會覺得「今天真是一場愉快的聚會」，對你留下良好的印象。

當與客戶進行交涉時，你的本意當然是想要推銷自家公司的商品或服務，但不能因此就擺出一副想推銷東西的嘴臉。一流的業務員會先醞釀合適的氣氛，以目的以外的話題先緩和對方的情緒；這些人很清楚，這才是掌握勝負關鍵的鑰匙。與客戶閒聊一陣子，就可以在言談間掌握對方注意的事或需求的物品，所以請先專心聆聽客戶的談話吧。

假使你是剛出社會的新鮮人，「習慣被罵」也是必須養成的事。在工作場合中，每個人都有失敗的經驗。被上司斥責，甚至痛罵，可說是司空見慣。不過，重點在於被罵完以後。即便是罵人的上司，也會思考接下來該如何弭平尷尬，因此被罵以後請不要記恨，盡量立刻轉換心情，帶著開朗的表情，早日消除心結，這樣才能與上司加強關係。

營業處
最近流行毛皮飾品，真希望我們公司也推出～
那很可愛啊。
原來如此。
這季我建議公司增加毛皮飾品。
大家覺得呢？
用人工毛皮製造…
小東西也不錯。
啊
來電
客戶今天好像心情很好，也許可以趁機說明我們的企劃案。
原來我有電話，謝謝妳幫忙記下來。
客戶的公司
前幾天真的非常抱歉，我絕對不會再犯相同的錯誤，以後還請多多指教。
這個業務員還不錯嘛。

Point 1
掌握對方的喜好，營造對方願意聆聽自己發言的氣氛。

Point 2
試著讓會議現場所有人都有參與感。

Point 3
多說一句話，會使別人的印象大為不同。

Point 4
被罵不要記恨，盡量立刻轉換心情，保持開朗。

專欄

他說話真有趣 5

2011年，相聲家立川談志老師過世了。我從年輕起就很喜歡相聲，所以談志老師的演出我多次前去欣賞。日本傳統相聲是一種以說話技巧表演故事內容的藝術，有些表演者是以「好，開頭先來一個好笑的故事」當做開場白，不過談志老師不同，他會先觀察現場觀眾的臉，配合當時的氣氛，思考該如何開場。他的開場白導言部分非常有趣，往往會在不知不覺中引人入勝，讓聽眾不自覺地進入相聲的主題。

舉例來說，有個相聲段子叫「芝浜」。通常是以，「某個只愛喝酒不工作的魚店老闆，有天撿到一個裝有大筆銀子的錢包」這個小故事開場。但談志老師是這樣開場：「我之前看了報紙，失業率又升高了。失業，應該就是指找不到工作。不過如果真的缺乏工作，為何東南亞跟中南美的外勞還是不斷引進呢。小泉首相拼命工作，結果大家反而找不到工作，這真是不可思議。有個男子跑到職業介紹所找工作，他自稱有14個小孩，這時介紹所的人問他，『那你還會做什麼其他的工作嗎？』」以此展開笑點。

談志老師的相聲開場白，都是從時事新聞或政治批判等，如此不經意地切入，這點尤其令人饒感趣味。

第5章

學習「得體的說話方式」

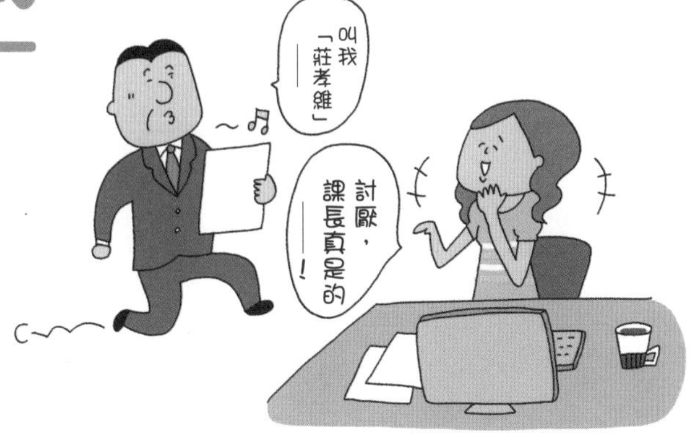
叫我「莊孝維」——
討厭，課長真是的——！

掌握現場的氣氛

以前日本曾流行過一個詞彙「KY*」，意指不懂察言觀色，不明白自己所處的狀況以及現場的氣氛，類似於台語「白目」。像這種人，無論在哪裡都顯得格格不入。如果是在職場，很可能會得到「難以相處」、「不懂得變通」的負面評價。

舉例來說，在公司聚會中，大家正忙著一團和氣地忙著交際，以消除彼此的陌生感，卻有一人端坐不動，無論誰來說話都擺著一張臭臉，那麼大家會對這個人怎麼看待呢？老實說，即使是因為個性天生內向，所以不積極開口，但也可能會被誤認為「高傲」、「難以相處」。像這種個性的人，就算真的不能自己主動拋出話題，也可以試著先專心聽別人說話，配合臨場反應，應對以微笑，主動釋放「我很開心參與團體」的訊息。

這裡的重點在於能夠解讀現場氣氛的感覺，例如對方的表情、聲調、反應等細節，藉此判斷對方究竟在想什麼。由於社會的組成年齡與利益關係不同，該如何解

讀現場氣氛，讓自己融入其中，可說是人際關係是否能夠擴展的一大關鍵。請保持警覺的觀察，當大家都在笑的時候，你也要露出笑容，敏銳地反應出自然而愉悅的態度。

能適時解讀現場氣氛，毫不費力就可讓自己融入團體，這種人非常具有個人魅力。在商場上，能夠直覺敏銳地感受別人的情緒狀態，這一點非常有用，想要在職場上闖蕩，這種技巧是不可少的利器之一。

*註

KY：日文為「空気が読ぁない」，取漢字「空」跟「読」第一個音縮寫而成。

成為話題籃板王

談話必須有對象才能成立。對方開口說話，聽了之後再加以反應回答。若談話的節奏紊亂，話題的進行方向就會受到干擾，交流也會停擺。與初識者進行言語交流時，尤其必須注意話題的選擇與選詞，良好的第一印象是人際關係圓融不可欠缺的一環。

在日本，與初識者進行談話時，有一種流傳已久的基本理論，可簡稱為「天休新旅友家健情工衣食住」。「天」是天氣，初次見面多半可以從天氣開始聊起。「休」是休閒，「新」是新聞，「旅」是旅遊，「友」是朋友，「家」是家庭，「健」是健康，「情」是情色，「工」是工作（不需聊得太深入），再來就是「衣食住」。

只要在上面的話題中，任選一則進行談話，即使是與初識者見面，也能順利建立起良好的人際關係。談話就是接受對方拋出的言語，並好好回答，多練習幾次，談話技巧自然會越來越進步。

不過，如果是隨便拋出話題，我們不能期望別人會留下良好的印象。有些人只專注於對話能否持續進行，卻沒注意對方的反應，只是自顧自的說話，這樣就成為不懂「適可而止」的人。假使在交談時，對方並沒有積極參與，可能代表對方已經累了、不想再說話等原因，我們必須時時留意談話狀況。

無論談話的對象是誰，我們都必須察言觀色，從對方的反應中，巧妙地引導對方繼續談話。這時，可以根據時機改變話題，有時要說出自己的想法，有時要誇獎對方，隨時評估雙方的心理距離。所以說，擅長談話的高手，可說是心理學家。

以言詞拉近距離

觀察談話中的遣辭用句，我們就可以評估與談話對象之間的「距離」。有些人對初次見面的對象會使用熟悉的語氣說話，但有些人即便雙方已經很熟悉，依舊使用很有禮貌的敬語。一般而言，使用的詞彙非常有禮貌，代表與對方的距離很遙遠，等關係較接近之後，說起話來才會顯得多少有些粗俗。

只要善於利用詞語，就能有效縮短與他人的距離。當你覺得談話對象總是保持距離，感覺很無奈又棘手，何不試著把恭敬的語詞暫時拋開？在工作場合中說話應當要恭敬，但如果暫時離開工作崗位，不妨改變一下說話方式。

舉個例子，你可以說「你看了這部電影嗎？」而不說「請問您看過這部電影嗎？」氣氛就輕鬆多了。或許對方會突然高興起來，直說「看過、看過！」只不過這時必須留意，工作時不可以突然使用朋友間的隨興語氣，在正式的場合中說話還是必須謹慎小心，而當正事處理完畢，或是下班時間之後，可以觀察對方的狀況，

稍微調整一下遣辭用句。先從有禮的口吻改變為客氣的口吻，然後再加入一些俗語，不要轉換過快，讓人無法適應。

這裡要注意的是，「俗語」並不代表「嘲諷」或「粗暴」，使用俗語是因為覺得「雙方變得比較親密」，所以才使用比較輕鬆的詞句。

另外，如果談話對象的年紀較長，有時必須保持對長者的尊敬，讓他感覺受到尊重，顯示他與其他年輕人不同，這樣做反而能縮短與對方的距離。禮貌性的語詞，必須視對象而調整反應。

對話的「地雷」！

在談話交流時，要慎防踩到「地雷」。所謂的「地雷」，是指對方不希望觸及的話題，這種話題一說出口，就會引發對方不悅。其實每個人心中都多少存在有不同的芥蒂，假使你不小心踩中了他人的「地雷」，與對方的良好關係就可能在瞬間瓦解。

在歐美國家，宗教、政治、低俗的事物等，在談話中都絕對視為禁忌。由於個人信仰或主張不同，政治、宗教話題都可能引發爭論，還有會讓人覺得低俗不堪的內容，在歐美都要儘量避免。

談話應避免的禁忌，基本上便是不要提起會引發對方不快的話題。假使是初次與人見面，如果能事先大略知道對方的禁忌，這樣會比較妥當。當實際進行談話時，也可以從對方的回答，以及顯露的表情與態度，稍微感受何處可能有地雷存在。請仔細留意對方的反應，來推測對方的禁忌，總之，不要踩到「地雷」絕對是優先要務。

小心談話的對象，其實也包括與我們關係親密的人。親朋好友之間特別不要說壞話，即使是家人與兄弟姊妹也一樣。當然，講到性格、外貌等相關的話題時，也必須注意，相信大家都聽過無意間批評另一半的父母，而導致夫妻吵架的例子。

在工作場合中，有時畢業學校也是禁忌，有些人或許對自己的學歷有心結。另外如果對方是女性，關於結婚、戀愛、生產的話題也要特別注意。談話本來是為了讓溝通順暢的手段，假使因此搞壞關係就失去意義，因此，千萬不要忽視埋藏在對話中的「地雷」。

火大
什麼嘛！
你自己的爸媽還
不是口不擇言！
砰
嚇到

代溝

人的習慣與價值觀會隨著地區不同而有著非常大的差別。舉例來說，日本人不喜歡立刻坐在別人剛離開的位置上，但在印度，人們會爭先恐後地搶奪別人剛離開的座位。由於日本人討厭前面的人所殘留在座位上的體溫，但在赤道上的印度，由於白天氣溫高達攝氏40度，有時甚至接近50度，由於人體體溫低於氣溫，因此坐在別人離開的座位上，反而會感到涼爽。

這種難以理解的生活觀念，就是一種代溝，但像這樣的代溝其實還滿有趣的。在談話的時候，這種聊天素材可以在許多對象中運用，因此不妨善加活用。

在各種代溝中，比較麻煩的或許是不同年齡層之間的代溝。年齡不同，喜好與價值觀自然會有差異，但假使覺得這樣就「無法溝通」，談話也就永遠不會有進展。

舉例來說，手機剛普及的時候，對上了年紀，尚未使用手機的人，說明行動通

訊內容產業的發展，是不容易的。年齡較高的人，大多覺得無法適應高科技的產品，有些也認為拿手機就是在趕流行，所以內心會抱持抗拒感。不同年齡層對於手機有不同的感受，這是很正常的。這種感受的不同差異，相信在商業行為中，又是一項可著力之處。

年齡層不同所造成的代溝，並不是誰對誰錯的問題。所謂的代溝，指的就是這種價值觀與文化的差異。代溝代表著世界上充滿著多樣的不同價值觀，進而能夠拓展我們的視野。

「聽笑話後發笑」是一種禮貌

你的上司為人如何？每天板著一張臉，幾乎不苟言笑的主管，或許會讓人覺得很悶，但那種老是講冷笑話或老套笑話的上司，應該也會讓人感到難以應付，又不能吐槽「部長，那個笑話我們已經聽過一百遍了！」擺出一張厭煩的臉。如果發生這種情況，公司的溝通就會變得很尷尬。

在美國有一種「老闆的笑話」定律，只要老闆說笑話，底下的人不笑就是沒禮貌。即便那個笑話已經聽過很多遍，下屬還是要像第一次聽到一樣哈哈大笑，這就是「老闆的笑話」定律。

這並不是說我們一定要拍上司的馬屁，而是聽完對方的發言，要有「反應」，這是一種禮貌。假使對方試著說有趣的話，無論它好不好笑，我們都可以微笑，這是一種禮貌，可以使現場氣氛融洽，適合溝通，相信大家從小在團體中就已經學到這一點。

談話的基本禮貌，就是要聆聽對方說的話。對方說笑話時，我們笑出來，這種反應是很重要的溝通方式。「笑」是人際關係的潤滑劑，對於提供潤滑劑的人，帶著禮貌、笑著回報，是合情合理的一件事。

不過，由於這是理所當然的事，因此往往容易被忽視，如果覺得笑話很無聊，往往會連貴重的資訊也一併忽視掉。因此，無論別人說什麼，先聆聽就是上策。假使我們能像小孩子一樣，百分之百吸收父母的話，並且練就一身隨時都能好好回答的好禮貌，那你的人脈一定會更加寬廣，獲得的資訊也會與眾不同。

叫我「莊孝維」──
討厭，課長真是的──！

堅持到最後才是完美的演出

許多人都覺得在大庭廣眾前發言是很討厭的一件事，光是說完話就已經耗盡力氣，根本無暇注意自己的臉部表情、態度、姿勢等。然而聽者除了說話者的聲音與內容，當然也不會放過所有進入眼睛或耳朵的一切訊息。

說話，並不是只要發出聲音，將詞彙串聯在一塊就夠了，還必須投注我們的感情。舉例來說，當有人送你一份早就想要的禮物時，你絕不會用唸經的平板聲音回答「我－好－開－心。」而會露出笑容，身體因愉悅而興奮，語氣開朗地說：「哇，我好開心喔！」。

如果想要透過談話將事情傳達給對方，只憑聲音是不夠的。面不改色地說出我很開心，無法讓別人感受到你愉快的心情。唯有以充滿情緒的口氣來表達，別人才能充分感受到。譬如，當我們說「加油吧！」的時候，會自然握拳並舉高手，這種動作象徵著強烈的意志力，同時，也少不了堅定有力的語氣。

在眾人面前發言時，還有另一項注意要素，就是姿勢。出人意料地，比起談話內容，說話時的肢體表情，反而更容易留在人們的印象中。

舉例來說，如果一場強而有力的演說結束之時，演講者突然彎腰駝背，發出嘆息，態度與剛剛的演說內容產生了矛盾，這樣會帶給聽眾不好的印象，甚至會開始懷疑剛才的演講內容。

在大眾面前說話時，務必牢記「收尾完整才算大功告成」，要堅持到最後一刻，不能放鬆注意力。

漫畫 實戰！成為說話有趣的人③就職面試篇

在面試工作時，有些人被問到求職動機與優點，不管哪間公司他都回答一樣的答案。然而，其實每間公司的風格不同，每種行業所要求的性格與技能也不一樣。面對這些迥然不同的差異，這時，表現出相同的自己，絕非上策。

在氣氛開明、經營層級屬於年齡較輕的公司裡，或許可以訴求自己的幹勁。但是，在作風嚴謹樸實的公司中，以相同的方式接受面試，可能就無法得到良好的反應。

關於自己的求職動機與優點，必須要用對方容易接納的方式傳達，否則可能會達不到應有的效果。所以，以標準範本做自我介紹，結果不見得能達成目的，這一點應該並不難理解。如果你說「我的性格開朗、積極」這種標準答案，其實就等同於毫無特色。能否認清自己的優點，這是求職最為重要的一項前置作業，想必不需要贅言。

雖說這些都是面試時基本中的基本，但我還是說明一下。這就好像要把自己推薦給初識者，首先一定要整理好外觀，以展現自己最好的一面。例如穿上最能讓自己舒適的服裝，鞋子最好是自己最習慣的一雙。這聽起來好像是老生常談，不過如果因新鞋不合腳而導致痛得無法專心，那就前功盡棄。在自己最舒服的狀態下，也就是最佳狀態下一決勝負，這麼一來才能從開始就展現出充滿自信的自己。

說到自信，音量的大小在面試時也是表現自我的重要因素。如果之前已經過數次面試失敗，人往往會因放棄的心態而逐漸失去自信，聲音就會越來越小，最後變得完全無法表現出自己。

像這種時候，我們必須回顧自己過去的豐功偉業，尋找那些足以驕傲的過往，重新恢復自信，這麼一來，必定能重新出發。接著，為了展現自信的態度，需要將大量的空氣吸入腹部，進行深呼吸，這個動作可以讓聲帶充分伸展，可以發出威力十足的宏亮聲音。

當然，除了聲音，也必須注意表情。懶洋洋、愛睏的表情，絕對不可能留給對方好印象，必須保持充滿幹勁的開朗表情。

Point 1

清楚公司要求的性格與技能，並充分展現出自己的魅力。

Point 2

為了擴展人脈，不可忘記要回報與答謝。

Point 3

注意穿著打扮，讓自己保持在最佳狀態。

Point 4

以對方較能接納的方式，說出自己求職的動機與賣點。

國家圖書館出版品預行編目(CIP)資料

把話說得得體又有趣,大家都會喜歡你!—求職.演講.開會.面試.人際,打遍天下無敵手 / 高嶋秀武作 ; 許昆暉譯. -- 初版. -- 新北市 : 智富, 2013.04
面 ;　公分. -- (風向 ; 59)
ISBN 978-986-6151-42-2(平裝)

1. 說話藝術　2. 口才

192.32　　102002324

風向 59

把話說得得體又有趣，大家都會喜歡你！
——求職・演講・開會・面試・人際，打遍天下無敵手

作　　者／高嶋秀武
譯　　者／許昆暉
主　　編／簡玉芬
責任編輯／陳文君
封面設計／鄧宜琨
出 版 者／智富出版有限公司
發 行 人／簡玉珊
地　　址／(231)新北市新店區民生路19號5樓
電　　話／(02)2218-3277
傳　　真／(02)2218-3239（訂書專線）、(02)2218-7539
劃撥帳號／19816716
戶　　名／智富出版有限公司
單次郵購總金額未滿500元（含），請加50元掛號費
排版製版／辰皓國際出版製作有限公司
印　　刷／祥新印刷事業股份有限公司
初版一刷／2013年4月

ISBN／978-986-6151-42-2
定　　價／240元

IRASUTO-BAN HANASHI NO OMOSHIROI HITO, TSUMARANAI HITO

Illustrations by Ayumi TAKAMURA
First published in Japan in 2012 by PHP Institute, Inc.
Traditional Chinese translation rights arranged with PHP Institute, Inc.
through Japan Foreign-Rights Centre/ Bardon-Chinese Media Agency